SUR GRIN VOS CONNAISSANCES SE FONT PAYER

- Nous publions vos devoirs
  et votre thèse de bachelor et master

- Votre propre eBook et livre –
  dans tous les magasins principaux du monde

- Gagnez sur chaque vente

Téléchargez maintentant sur www.GRIN.com
et publiez gratuitement

Bibliographic information published by the German National Library:

The German National Library lists this publication in the National Bibliography; detailed bibliographic data are available on the Internet at http://dnb.dnb.de .

This book is copyright material and must not be copied, reproduced, transferred, distributed, leased, licensed or publicly performed or used in any way except as specifically permitted in writing by the publishers, as allowed under the terms and conditions under which it was purchased or as strictly permitted by applicable copyright law. Any unauthorized distribution or use of this text may be a direct infringement of the author s and publisher s rights and those responsible may be liable in law accordingly.

Imprint:

Copyright © 2002 GRIN Verlag, Open Publishing GmbH
Print and binding: Books on Demand GmbH, Norderstedt Germany
ISBN: 978-3-656-37508-1

This book at GRIN:

http://www.grin.com/fr/e-book/209519/jacques-brel-et-ses-chansons

Alexander Kraus

Jacques Brel et ses chansons

GRIN Publishing

GRIN - Your knowledge has value

Since its foundation in 1998, GRIN has specialized in publishing academic texts by students, college teachers and other academics as e-book and printed book. The website www.grin.com is an ideal platform for presenting term papers, final papers, scientific essays, dissertations and specialist books.

Visit us on the internet:

http://www.grin.com/

http://www.facebook.com/grincom

http://www.twitter.com/grin_com

Jacques Brel
et ses chansons

Jacques Brel[1]

---

[1] URL : http://www.geocities.com/Athens/Forum/9962/brel2.html [Stand 30.01.2003]

1. Jacques Brel comme « mythe »

« C'est un garçon qui s'est révolté, un artisan qui a exprimé sa révolte en écrivant des chansons, et qui les chante ».[2] Comme ça, Jacques Brel, vivant de 1929 à 1978, a décrit lui-même. Et, de fait, les chansons de Jacques Brel sont accablées de la critique et de la rébellion contre la société, spécialement contre la bourgeoisie, qu'il a détestée. En dehors des chansons, dont les textes sont ironiques et satiriques, l'œuvre de Brel offre une grande quantité de chansons émotionnelles. Avec ses chansons, Jacques a réussi à diffuser la chanson française dans le monde entier. A côté du chansonnier Georges Brassens, personne d'autre que Jacques avait le talent d'éveiller l'intérêt des mass média si énormément. Jacques a accompli le triomphe pas seulement en Europe, mais aussi en Union soviétique, en Afrique et en Amérique. Du vivant de Jacques, on l'a toujours regardé comme « mythe » et il a fait l'honneur à ce titre jusqu'à présent. C'est un fait qu'un plus grand nombre de disques de Jacques étaient vendus après sa mort qu'avant. Ceux-là sont achetés aussi de nos jours et sont entendus avec de l'enthousiasme. Jacques Brel a créé une œuvre inoubliable.

2. La vie de Jacques Brel

Premièrement, c'est nécessaire de montrer les étapes les plus importantes de la vie de Jacques Brel pour comprendre ses chansons dont deux sont analysées à la fin de cette composition.

2.1 Les circonstances familiales

Romain-Jérôme Brel, le père de Jacques Brel, est né le 6 février 1883 dans une ferme à Zandvoorde, dans le sud de la Flandre comme dixième enfant du boulanger Louis Brel. Ne terminant pas ses études de chimie, Romain travaille en 1911 comme agent de la Cominex au Congo belge. Il veut y assurer sa future dans l'import-export. Romain a du succès dans la société renommée et obtient un territoire entre Léopoldville et l'Angola. En 1919, Romain retourne à Bruxelles et décide de fonder une famille. Il se fiance avec Elisabeth Van Adorp et après le mariage le 3 décembre 1921,

---
[2] Thomas WEICK, „Die Rezeption des Werkes von Jacques Brel", Verlag Peter Lang, 1991, Frankfurt am Main, p. 11

Romain part au Congo avec «Lisette», qui est née à Schaerbeek, près de Bruxelles, comme fille d'un artisan spécialiste des vitraux. Au Congo, les jumeaux Pierre et Nelly naissent le 13 août 1922, mais ils meurent de typhoïde. Le 19 octobre 1923, il y a la naissance d'un autre enfant, prénommé Pierre aussi. En 1926, le jeune ménage décide de s'installer définitivement à Bruxelles, où Jacques-Romain-Georges Brel est né à trois heures du matin le 8 avril 1929. Romain fait construire une maison dans l'avenue des Cerisiers. En 1931, Romain vend sa maison à cause de la situation économique (il y avait le Krach financier) et déménage avec sa famille dans un appartement. Romain quitte l'import-export et avec cet argent, il entre dans la cartonnerie de son beau-frère Armand Vanneste. Celle-là s'appelle «Vanneste-Brel».[3]

2.2 La jeunesse de Jacques Brel

Jacques(à gauche), Pierre et leurs parents (5)

«En réalité, j'ai eu une enfance où il ne se passait presque rien ; il y avait un ordre établi assez doux. Ce n'était pas rugueux de tout, ce n'était pas dur du tout. C'était paisible et forcément morose...»[4] dit Jacques de sa jeunesse. Romain Brel y a tenu à ce que Jacques et son frère vont à l'enseignement privé. Ainsi, Jacques commence son enseignement primaire à l'école catholique Saint-Viateur en octobre 1936 dirigée par des Frères. Jacques s'y comporte poliment et avec discipline, mais en réalité il y déteste l'atmosphère glaciale. En octobre 1941, Jacques entre au collège de l'Institut Saint-Louis. D'un côté, Jacques montre sa paresse en n'apprenant pas. De l'autre côté, il est très doué pour la diction et l'élocution. En plus, Jacques atteint souvent les meilleures notes en

Jacques comme enfant [5]

---

[3] cf. Olivier TODD, « Jacques Brel - une vie », Editions Robert Laffont, Paris, 1984, pp. 19-22
[4] Jacques LORCEY, « Jacques Brel », Editions Pac/Delmas, Paris, 1984, p. 14
[5] URL : http://www.jacquesbrel.be/index03.htm [Stand 30.01.2003]

français. Jacques est un garçon renfermé, mais il a la capacité d'imiter d'une façon très réussie Chaplin, Marx ou Hitler. De plus, il a un goût pour le théâtre comique. La famille de Jacques ne souffre pas gravement de l'Occupation de la Belgique par les Allemands le 10 mai 1940. Au printemps 1944 des bombardements commencent et la population belge n'est pas libre de ses mouvements. Par ennui, Jacques et son ami Robert Stallenberg fondent une troupe théâtrale, la «Dramatique Saint-Louis». Jacques y dépense beaucoup d'énergie et il devient très actif en représentant beaucoup de personnes différentes. Après la libération de la Belgique par des troupes britanniques, Jacques écoute passionnément au jazz et joue de la guitare et du piano. En 1947, Jacques est forcé de quitter l'école à cause de ses mauvaises notes. Il se met à travailler dans les bureaux de la cartonnerie de son père. A ce temps-là, Jacques fait la connaissance d'Hector Bruyndonckx qui a fondé la «Franche cordée». Cette association a le but de créer «l'équilibre harmonieux des facultés, l'attention au corps, à la sensibilité, l'intelligence, la volonté».[6] La Franche cordée est fondée pour la jeunesse à la demande d'un curé qui veut exhorter les jeunes à s'engager socialement et à s'occuper des malades et des personnes âgées.[7]

2.3 L'âge adulte

En décembre 1948, Jacques s'éprend de l'amie Thérèse Michielsen, surnommée «Miche», et enfin il l'épouse. La photo montre le couple heureux[8]. Les deux emménagent dans un deux-pièces à Molenbeek en 1950 et peu de temps après, c'est-à-dire le 6 décembre 1951, Miche accouche de sa première fille Chantal. En n'étant pas content de sa vie et le travail dans la cartonnerie, Jacques part à Paris le 1er juin afin d'y avoir du succès avec ses nombreuses chansons, qu'il a écrites pendant les années. Sa seule espérance est son rendez-

---

[6] « Jacques Brel – une vie », op.cit. p. 43
[7] cf. « Jacques Brel – une vie », op.cit. pp. 25, 30-49
   cf. « Jacques Brel », op.cit. pp. 15-17
[8] URL : http://www.jacquesbrel.be/index03.htm [Stand 30.01.2003]

vous avec Jacques Canetti, qui est directeur du théâtre « Les Trois Baudets », en plus directeur artistique chez Philips et patron de « Radio-Programmes ». C'est le premier pas qui est nécessaire pour la carrière de Jacques Brel. A ce moment-là, une personne surgit qui semble très intéressée à Jacques et ses chansons. Jacques enregistre vingt-trois chansons au studio du Limbourg de la BRT-Hasselt en août 1953. En outre, Jacques a la possibilité de se présenter aux « Trois Baudets » en septembre. Dans des boîtes de nuit, Jacques chante six ou sept fois pendant la nuit. La famille de Jacques, vivant à Bruxelles, a assez d'argent pour vivre et Miche aide Jacques en ce qui concerne sa carrière. Puis, la deuxième fille de Jacques est née le 12 juillet 1953. C'est pourquoi Jacques vient à Bruxelles. On peut résumer sa situation : « Marié, père, esseulé, pas perdu, éperdu, à la conquête de Paris et de lui-même ».[9] En février 1954, Jacques a la chance d'enregistrer huit chansons avec un orchestre dans un studio de Philips. Après des doutes initiales, Canetti a confiance en Jacques. La presse critique le travail négativement. Jacques confie son chagrin à Miche :

> « Je ne sais que vous dire, je suis tellement las... il y a chez moi un ressort qui est brisé. Si tu savais à quel point je désire parfois entrer dans une église et prier. Si tu savais à quel point je désire par moment mettre mon sort entre les mains de n'importe qui... »[10]

Mais Jacques sait qu'il ne peut pas montrer sa faiblesse au public et il continue à travailler. Jacques aime son travail et la composition de ses chansons. Comme ça, son ambition prédomine et il dit en 1954 : « ... Je serais heureux de ne pas pleinement penser ce que j'écris mais malheureusement, je le pense ».[11] A ce temps-là, Jacques change un peu et n'attend pas trop. Il trompe sa femme avec Catherine Sauvage. Jacques fait sa connaissance à la tournée du 25 juillet au 31 août - une date que Canetti a fixée. Jacques s'y montre avec Philippe Clay ou Dario Moreno. Jacques souffre de la distance de sa famille et veut commencer un nouveau départ. Ainsi, Miche et les deux filles déménagent à Paris afin d'être proches du mari et père. En 1955, Jacques reçoit beaucoup de petits engagements dans des cabarets français ou belges. En plus, il se

---

[9] « Jacques Brel - une vie », op.cit. p. 67
[10] « Jacques Brel - une vie », op.cit. p. 71
[11] « Jacques Brel - une vie », op.cit. p. 71

présente souvent dans les pays étrangers. Les gens se mettent à remarquer le chanteur belge et ses chansons. Pour la tournée d'été, Canetti engage Jacques et le trio « Les Filles à Papa » avec la chanteuse Suzanne Gabriello, nommée « Zizou ». Comme Jacques ne peut pas résister à des femmes attractives, il conclut une affaire passionnée avec elle. Miche est retournée à Bruxelles pour mettre au monde sa troisième fille Isabelle en 1958. Le tournant décisif pour Jacques Brel vient au théâtre « L`Olympia ». Et c'est Zizou qui arrange sa performance avec Philippe Clay. A la fin du concert, le public fête Jacques plus que Philippe Clay et est aussi enthousiaste de son troisième disque avec le titre

« Quand on n'a que l'amour », qu'il a enregistré à Paris en 1957. Au début des années soixante, Jacques est bien connu et tous les gens aiment écouter ses chansons et voir ses performances.
Et Jacques aime gagner le public à ses chansons, ce qu'on peut voir sur la photo, en haut[12]. En 1976, Jacques possède les copyrights de cent quatre-vingt-douze chansons. Il décide de quitter la scène, parce qu'il craint qu'il ne puisse créer de meilleures œuvres. Il pense que c'est le temps d'expérimenter et de trouver un nouveau défi dans sa vie. En été 1966, Jacques annonce au public qu'il quittera la scène à la tournée à Vittel. Son dernier concert a lieu à Roubaix le 16 mai 1967. Après avoir fini son travail comme chanteur, Jacques écrit la comédie musicale « L'homme de la Mancha » en 1968, dans laquelle il joue le Don Quichotte. Et Jacques trouve rapidement une nouvelle provocation : de 1967 à 1973 Jacques travaille avec du succès comme acteur et réalisateur. Comme acteur, il a beaucoup de succès avec les films « Mon Oncle Benjamin » ou « Les Risques de métier ». En 1972, il est lui-même

---

[12] URL : http://www.geocities.com/Athens/Forum/9962/grandjacques.html [Stand 30.01.2003]

réalisateur du film « Franz » et en 1973 du « Le Far West ». Mais il continue aussi d'enregistrer des chansons.[13]

Jacques comme Don Quichotte [14]

Jacques comme réalisateur[15]

2.4 Les dernières années de Jacques Brel

En 1973, Jacques aspire au silence et à la détente. C'est pourquoi il traverse l'océan Pacifique avec sa maîtresse Maddly Bamy. Les deux s'installent sur l'île Hiva Oa où ils vivent entièrement isolés du reste du monde. A la fin d'octobre 1977 Jacques retourne à Paris pour enregistrer son dernier disque. « Ce dernier disque déploie une magnifique violence et une extrême tendresse ».[16] A cause de cette qualité, le disque devient un grand succès. Le 9 octobre 78, Jacques meurt par suite du cancer du poumon à trois heures du matin. Il est enterré à l'île Hiva Oa, la place où il se sentait toujours bien.[17]

---

[13] cf. « Jacques Brel », op.cit. p. 18
cf. « Jacques Brel - une vie », op.cit. pp. 62-92, p. 233, p. 248
[14] URL : http://www.jacquesbrel.be/index03.htm [Stand 30.01.2003]
[15] URL : http://www.jacquesbrel.be/index03.htm [Stand 30.01.2003]
[16] « Jacques Brel – une vie », op.cit p. 434
[17] cf. „Jacques Brel", Microsoft Encarta Enzyklopädie, 2001

3. Le développement de la chanson moderne

Jacques Brel était un des chansonniers les plus importants en France, interprète de la soi-disant chanson moderne. En 1953, on a créé une nouvelle forme de chanson – nommée la chanson moderne qui sera très populaire à toutes les couches de la population. Voilà d'abord l'histoire courte de la chanson moderne, qui a passé un développement énorme jusqu'à ce qu'elle ait atteint l'état de la chanson moderne. L'histoire de la chanson a déjà commencé dans l'ancien français, quand chaque poème épique ou lyrique était dénommé comme chanson. Aux 12e et 13e siècles on a parlé - quand on a parlé des chansons - des chansons de croisades, le chant sacré liturgique ou les chansons d'amour courtois, dont la forme et le sujet étaient adaptés par les troubadours provençaux et étaient cultivés jusqu'au 14e siècle. Au 15e siècle la chanson de la cour - satirique et politique - est devenue bien connue. Pendant le 16e siècle les chansons étaient désapprouvées comme genre inférieur. Aux 17e et 18e siècles les chansons galantes dominaient, et en outre, les chansons fortement politiques qui critiquaient le régime absolutiste. Leur point culminant était dans la Révolution française. La naissance de la chanson moderne était influencée par la chanson d'actualité qui était chantée dans les cafés parisiens depuis le milieu du 19e siècle. Des interprètes de la nouvelle direction étaient Yvette Guilbert (1867 – 1944), Mistinguett (1875 – 1956) et Maurice Chevalier (1888 – 1972). Dans les années 30, les grands films étaient enrichis par des chansons ; René Clair, par exemple, a réalisé certains films seulement chantés. Après la Deuxième Guerre Mondiale, la chanson intellectuelle était vraiment connue dans les caves du quartier Saint-Germain à Paris. Juliette Greco a interprété dans ses chansons des poèmes de Prévert et des textes existentialistes de Sartre. Léo Ferré a attaqué dans ses refrains la société bourgeoise. L'année 1953 était l'origine d'une nouvelle forme de la chanson qui a attiré toute la population. Cette chanson était l'œuvre, par exemple, de Georges Brassens ou Jacques Brel qui sont les représentants d'une nouvelle génération. D'autres interprètes importants sont Gilbert Bécaud, Charles Aznavour et Jonny Halliday qui a commencé à chanter les chansons «rock». Plus tard, celui-ci s'est consacré au «rock and roll» exprimant l'indignation et la révolte de la jeunesse de ce temps-là. La musique anglo-américaine a alors déplacé la chanson française. Vers 1965 la chanson française a regagné beaucoup d'influence avec les interprètes Mireille Matthieu, Georges Moustaki, Serge Lama, Michel Sardou ou Gérard Lenorman.[18] Dans le prochain chapitre, j'essaierai d'interpréter deux chansons de Jacques Brel dont j'apprécie les textes et la musique. Jacques Brel est caractéristique d'une jeune génération qui se révolte. Avec ses chansons il a provoqué la société française.

4. L'interprétation des chansons

La chanson moderne traite des sujets de tous les secteurs de la vie. Elle reflète la joie de vivre, la mentalité des gens, leur manière d'être et elle se moque de la société d'une façon ironique, satirique et agressive. Ces traits caractéristiques sont aussi représentés dans les deux chansons suivantes de Jacques Brel. Avec ses chansons, Jacques essaie de donner un message. Le contenu joue un rôle important dans ses chansons. Par les mots suivants Olivier Todd résume la particularité des chansons de Jacques : « Les atouts de Brel sont, entre autres, l'absence d'hermétisme, son vocabulaire limpide, sa syntaxe directe, presque parlée. »[19]

---

[18] cf. Otto BREMER/ Aimé LANDWERLIN, « Précis de Civilisation française », Hirschgraben-Verlag, Frankfurt am Main, 1975, pp. 125-127
[19] « Jacques Brel – une vie », op.cit. p. 141

4.1 « Le dernier repas »

Dans la chanson très connue « Le dernier repas », que Jacques Brel a publiée en 1964, le narrateur décrit les dernières heures avant sa mort.

4.1.1 Texte de la chanson « Le dernier repas »

À mon dernier repas
Je veux voir mes frères
Et mes chiens et mes chats
Et le bord de la mer
5 À mon dernier repas
Je veux voir mes voisins
Et puis quelques chinois
En guise de cousins
Et je veux qu'on y boive
10 En plus du vin de messe
De ce vin si joli
Qu'on buvait en Arbois
Je veux qu'on y dévore
Après quelques soutanes
15 Une poule faisanne
Venue du Périgord
Puis je veux qu'on m'emmène
En haut de ma colline
Voir les arbres dormir
20 En refermant leurs bras
Et puis je veux encore
Lancer des pierres au ciel
En criant Dieu est mort
Une dernière fois
25 À mon dernier repas
Je veux voir mon âne
Mes poules et mes oies
Mes vaches et mes femmes
À mon dernier repas
30 Je veux voir ces drôlesses
Dont je fus maître et roi
Ou qui furent mes maîtresses
Quand j'aurai dans la panse
De quoi noyer la terre
35 Je briserai mon verre
Pour faire le silence

40 Et chanterai à tue-tête
À la mort qui s'avance
Les paillards des romances
Qui font peur aux nonnettes
Puis je veux qu'on m'emmène
En haut de ma colline
Voir le soir qui chemine
Lentement vers la plaine
45 Et là debout encore
J'insulterai les bourgeois
Sans crainte et sans remords
Une dernière fois

Après mon dernier repas
50 Je veux que l'on s'en aille
Qu'on finisse ripaille
Ailleurs que sous mon toit
Après mon dernier repas
Je veux que l`on m'installe
55 Assis seul comme un roi
Accueillant ses vestales
Dans ma pipe je brûlerai
Mes souvenirs d'enfance
Mes rêves inachevés
60 Mes restes d'espérances
Et je ne garderai
Pour habiller mon âme
Que l'idée d'un rosier
Et qu'un prénom de femme
65 Puis je regarderai
Le haut de ma colline
Qui dans' qui se devine
Qui finit par sombrer
Et dans l'odeur des fleurs
70 Qui bientôt s'éteindra
Je sais que j'aurai peur
Une dernière fois.[20]

---

[20] « Tout Brel », Editions Robert Laffont, Paris, 1998, pp. 266-268

4.1.2 L'interprétation du texte

Le narrateur a l'imagination de passer son dernier repas avec tous ses amis, ses voisins, ses animaux et, bien sûr, avec toute sa famille. Comme c'est le dernier repas qu'il prend avant sa mort, il fait aussi aux « chinois » (l.7) l'honneur d'être invités. Ainsi, le narrateur veut manifester qu'il n'a plus de remords pour personne. C'est pourquoi, le narrateur souhaite que les gens qui sont toujours pointilleux et exigeants soient là et que ceux dont il s'est énervé normalement apparaissent aussi. Après avoir bu du vin et mangé de la « poule [faisane] » (l.15), le narrateur a le désir d'être apporté sur une colline, où il est seul et prêt à mourir. Cette scène ressemble au contenu du Nouveau Testament. Comme le narrateur, Jésus boit du vin avec ses douze apôtres et mange du pain. La seule différence est que Jésus ne mange calmement qu'avec ses confidents proches, tandis que le narrateur fête d'une façon très turbulente. Tous les deux vont plus tard sur une colline. D'un côté, Jésus qui est crucifié sur la colline de Golgatha est forcé de tolérer beaucoup d'insultes et de douleurs. Après cette humiliation, Jésus meurt sur la colline. De l'autre côté, le narrateur va sur la colline pour rêver et réfléchir à sa vie. Mais c'est évident qu'il y aille pour mourir et qu'il décède comme Jésus. En ayant d'abord le sentiment d'être près de Jésus Christ et d'avoir le dernier repas avec lui, on s'aperçoit rapidement que le narrateur attaque ironiquement l'église et qu'il en montre son attitude négative. De plus, il veut dévorer « quelques soutanes »(l.14), ce qui montre qu'il a une opinion négative du clergé. On peut certainement dire cela, parce que Jacques n'aimait pas l'atmosphère à l'école catholique Saint-Viateur. Les Frères donnaient des ordres et les élèves devaient y obéir. Jacques souffrait de cette éducation et on peut ainsi expliquer son aversion pour le catholicisme. Le narrateur montre d'une manière satirique qu'il représente l'athéisme et qu'il ne croit pas en Dieu. Cela indique aussi l'exclamation « Dieu est mort » (l.23). En outre, le narrateur insulte Dieu en lançant des pierres au ciel.[21]

Dans la deuxième strophe de la chanson, le narrateur veut être « maître et roi » (l.31). Son but est que tous les gens, particulièrement les femmes,

---

[21] cf. „Unterrichtsmaterialien Französisch", Stark Verlagsgesellschaft mbH, Freising, 1996, 4.1.8 pp. 6-7

obéissent à ses ordres. Comme il était autrefois dépendant de sa mère (c'est elle qui l'a gardé neuf mois dans le ventre, qui avait la tâche de l'éduquer, et qui était donc comme sa maîtresse), il veut à ce temps-là montrer sa puissance. Mais, en réalité, le narrateur n'a plus de force, et il essaie de cacher sa faiblesse. De plus, le narrateur se comporte vraiment d'une façon désobligeante en cassant même un verre pour atteindre l'attention de ses amis. En plus, il est très impoli aux hôtes et n'a pas de tenue, parce qu'il fait beaucoup de bruit en criant à cause de la mort proche. Cela montre qu'il a une peur énorme de la mort. Au cours suivant, le narrateur exprime son désir d'insulter une dernière fois les bourgeois. Ce passage dans la chanson est influencé par les expériences personnelles de Jacques Brel. Il a toujours détesté la bourgeoisie, parce qu'il avait peur d'apparaître comme un représentant de cette classe sociale résultant de l'avarice et qui consiste, selon lui, des gens seulement ignorants. Dans la chanson « Les bourgeois » il chante : « Les bourgeois c'est comme les cochons/ Plus ça devient vieux plus ça devient bête. » Jacques voit les bourgeois comme des gens qui ne sont pas ouverts à des choses nouvelles et qui ignorent les idées pour lesquelles ils luttaient autrefois. Jacques combine de plus en plus les pensées et la peur de se comporter comme les bourgeois avec la mort. Il préférait être condamné à mort que d'atteindre les tendances de la bourgeoisie.[22] Il est étonnant que Jacques lie beaucoup d'expressions, qui ne marchent pas ensemble. Il y a par exemple : « Mes vaches et mes femmes » (l.28) ou « (…) mes frères/ Et mes chiens et mes chats » (l.2 et 3). Jacques utilise ces énumérations de telle manière qu'il peut appuyer qu'il a le pouvoir absolu sur tout le monde.[23]

Dans la troisième strophe, le narrateur parle de sa situation après son dernier repas : il veut que ses amis quittent sa maison et qu'ils le laissent seul pour être capable de réfléchir à sa vie. Pendant sa réflexion, il souhaite d'être un roi, qui a l'accès aux vestales. C'étaient des femmes très chastes dans l'antiquité qui n'avaient pas le droit d'avoir des hommes.

---

[22] cf. URL: http://www.geocities.com/Athens/Forum/9962/grandjacques.html [Stand 30.01.2003]
cf. Felix SCHMIDT, „Das Chanson – Herkunft, Entwicklung, Interpretation", Fischer Taschenbuch Verlag, Frankfurt am Main, 1982, p. 107
[23] cf. „Unterrichtsmaterialien Französisch", op.cit. p.7-8

Jacques souligne qu'il a toujours aimé les femmes, bien que ce soit interdit à cause du ménage avec Miche. Selon le narrateur, il y avait cependant seulement « un prénom de femme » (l.64), qu'il a apprécié. Probablement, Jacques veut honorer Miche, à laquelle il avait toujours, une liaison serrée malgré ses nombreuses affaires. C'est elle qui l'a aidé en étant sans cesse en faveur da sa carrière et qui avait toujours confiance en Jacques. Maintenant, tous ses « souvenirs d'enfance » (l.58) et tous ses « rêves inachevés » (l.59) sont devenus superflus. Il s'aperçoit que tout ce qui a compté dans sa vie est « l'idée d'un rosier » (l.63). C'est une métaphore pour toutes les belles choses qu'il a atteintes dans sa vie. Pour Jacques Brel, c'est le fait d'avoir été accepté comme chanteur et d'avoir fait de si belles chansons. A la fin de la chanson, le comportement du narrateur change. Il réfléchit sur sa colline et n'est plus cet homme fort qui donne des ordres et qui critique la société. Mais il a peur de l'avenir.[24]

4.1.3 L'interprétation de la musique

L'accord de la chanson est très sombre et accablé de sorte que Jacques puisse démontrer l'état du narrateur. Cet homme est vraiment déprimé, parce qu'il sait qu'il va mourir. Le sentiment de décéder bientôt est renforcé par le battement des tambours, qui sont des métaphores du battement du cœur. Dans la troisième strophe, le narrateur s'avance vers sa mort. Par conséquent, il y une réduction du tempo des tambours et de l'intensité sonore, ce qui devait expliquer l'affaiblissement de l'état physique du narrateur. Seulement quand Jacques chante de la colline, la mélodie sonne gaie. Atteindre de la colline est le dernier but que le narrateur se fixe. C'est pourquoi Jacques chante ce moment d'une manière harmonique. A la fin de la chanson, Jacques chante très lentement pour montrer que le narrateur a peur.[25]

4.2 « Amsterdam »

Jacques Brel a enregistré la chanson « Amsterdam » en octobre 1964. C'est la chanson la plus couronnée de succès parmi ses pièces d'œuvres.

---

[24] cf. „Unterrichtsmateralien Französisch", op.cit. p. 7
[25] cf. „Unterrichtsmateralien Französisch", op.cit. p. 8

Jacques, lui-même, ne peut pas vraiment s'expliquer la réussite d' « Amsterdam » :

> « Je ne sais pas (...) Il y a une sorte de balancement musical, un peu, qui peut expliquer certaines choses et puis, le mot « Amsterdam » est joli... c'est un joli mot. »[26]

Dans la chanson, Jacques chante de la vie des marins dans le port d'Amsterdam.

4.2.1 Texte de la chanson « Amsterdam »

Dans le port d'Amsterdam
Y a des marins qui chantent
Les rêves qui les hantent
Au large d'Amsterdam
5   Dans le port d'Amsterdam
Y a des marins qui dorment
Comme des oriflammes
Le long des berges mornes
Dans le port d'Amsterdam
10 Y a des marins qui meurent
Pleins de bière et de drames
Aux premières lueurs
Mais dans le port d'Amsterdam
Y a des marins qui naissent
15 Dans la chaleur épaisse
Des langueurs océanes

Dans le port d'Amsterdam
Y a des marins qui mangent
Sur des nappes trop blanches
20 Des poissons ruisselants
Ils vous montrent des dents
À croquer la fortune
À décroisser la lune
À bouffer les haubans
25 Et ça sent la morue
Jusque dans le cœur des frites
Que leurs grosses mains invitent
À revenir en plus
Puis se lèvent en riant
30 Dans un bruit de tempête
Referment leur braguette
Et sortent en rotant

35 Dans le port d'Amsterdam
Y a des marins qui dansent
En se frottant la panse
Sur la panse des femmes
Et ils tournent et ils dansent
Comme des soleils crachés
Dans le son déchiré
40 D'un accordéon rance
Ils se tordent le cou
Pour mieux s'entendre rire
Jusqu'à ce que tout à coup
L'accordéon expire
45 Alors le geste grave
Alors le regard fier
Ils ramènent leur Batave
Jusqu'en pleine lumière

Dans le port d'Amsterdam
50 Y a des marins qui boivent
Et qui boivent et reboivent
Et qui reboivent encore
Ils boivent à la santé
Des putains d'Amsterdam
55 De Hambourg ou d'ailleurs
Enfin ils boivent aux dames
Qui leur donnent leur joli corps
Qui leur donnent leur vertu
Pour une pièce en or
60 Et quand ils ont bien bu
Se plantent le nez au ciel
Se mouchent dans les étoiles
Et ils pissent comme je pleure
Sur les femmes infidèles

65 Dans le port d'Amsterdam
Dans le port d'Amsterdam.[27]

---

[26] „Die Rezeption des Werkes von Jacques Brel", op.cit p. 239
[27] « Tout Brel », op.cit.pp. 262-263

4.2.2 L'interprétation du texte

Dès la première strophe, le narrateur oppose l'un côté de la vie des marins à l'autre. « Y a des marins qui meurent »(l.10), quand ils sont « pleins de bière et de drames »(l.11). Ces marins ivres n'ont pas de perspectives dans leur vie et pour eux la vie est vide de sens. Pendant que les marins qui boivent veulent fuir la réalité, c'est-à-dire qu'ils aspirent à supprimer leurs drames et la réalité, ils ne s'aperçoivent pas que les beuveries n'aboutissent à rien. D'abord, le contact avec « des langueurs océanes »(l.16) rend la vie supportable. L'élément de la nature « l'océan » est très important pour les marins, parce que c'est la chose qui assure l'existence des marins. Ainsi, « [y] a des marins qui naissent »(l.14), parce qu'avec l'océan la vie est digne et reçoit un sens. Les marins se forment une vie spirituelle qui leur fournit de la vitalité dans leur situation. Cette vitalité est exprimée dans les strophes suivantes.

Dans la deuxième strophe, le narrateur représente les matelots pendant qu'ils ont un repas. Ils mangent « [d]es poissons ruisselants »(l.20) « [s]ur des nappes trop blanches »(l.19). Le narrateur met l'accent sur le contraste entre « la terre » et « l'océan ». Les poissons trempent la table, ce qui montre que ces éléments antithétiques ne marchent pas ensemble. Comme les poissons, qui ne peuvent pas vivre sans eau, les marins ont la nostalgie de la mer et veulent quitter le port pour prendre la mer. En plus, le repas est décrit d'une façon très vivante. Les poissons sont encore humides, ce qui montre qu'ils ont été pris récemment et que, probablement, ils vivent encore. Les nappes ainsi que les dents ont la couleur blanche, ce qui donne l'impression d'une clarté et d'une atmosphère gaie. L'animation devient aussi évidente quand on regarde les frites, qui reçoivent un cœur. Pendant le repas, les matelots sont pleins d'énergie et oublient la réalité. Les matelots rêvent et éprouvent le désir de « croquer la fortune »(l.22). Cela manifeste que les marins rêvent de changer leur situation. Jacques utilise un néologisme : « décroisser la lune »(l.23). Cela signifie peut-être que les marins souhaitent de décrocher la lune. Ainsi, le narrateur explique banalement le changement de la forme de la lune, en forme de croissant par exemple. Le narrateur donne une légende pour démontrer la différence entre la réalité et la vie déterminée par des rêves. En plus, les marins veulent « bouffer les haubans »(l.24). Ils souhaitent que le temps passe et qu'il leur fasse délier le hauban pour se mettre au travail, ce qui leur plaît beaucoup et où ils sont dans leur élément. Pour rendre clair que les marins aperçoivent cela en mangeant des poissons qui lient les marins avec la mer, Jacques utilise des mots du champ sémantique « manger » , comme par exemple « croquer »(l.22) ou « bouffer »(l.24). C'est le temps pour les marins de partir et de « s'unir » avec l'océan. A la fin de la strophe, les matelots arrêtent leur repas et quittent la place « [d]ans un bruit de tempête »(l.30). Cela souligne la façon tempétueuse des marins qui est aussi un signe de l'océan. En plus, une tempête fait souvent rage à la mer et est un danger pour les marins. Mais les marins y tiennent tête, parce que la mer est tout ce qu'ils ont.[28]

Vu superficiellement, on pourrait penser que dans la troisième strophe le narrateur décrit des marins, qui dansent pendant toute la nuit jusqu'au matin. Mais la seule rime du mot « Amsterdam », qui est le mot clé et qui se répète sans cesse dans la chanson, avec « femmes »(l.36) montre que celles-ci sont très importantes pour le contenu du couplet. Les marins frottent la panse « [s]ur la panse des femmes »(l.36), « ils tournent et ils dansent »(l.37) « comme des soleils crachés »(l.38). Le narrateur trace le contact sexuel des marins avec des femmes. Cette ambiguïté des marins qui dansent avec des femmes, et ceux qui s'en occupent plus intimement, souligne la vie excessive et folâtre des marins. Pour que les marins soient capables de danser au rythme, «un accordéon rance »(l.40). Ainsi, les marins surpassent les barrières naturelles et « [i]ls se tordent le cou »(l.41). En ce cas-là, ils peuvent abolir la raideur du cou. Les marins tentent d'empêcher un désordre de la fête. Les matelots se regardent comme des hommes, qui ont de l'énergie surnaturelle et qui peuvent atteindre tout ce qu'ils veulent. Mais cela reste seulement une illusion, parce que « [l]'accordéon expire »(l.44) et les marins sont de nouveau confrontés avec la réalité et l'espoir d'atteindre « leur Batave »(l.47) qui symbolise l'endroit où ils n'ont pas besoin d'alcool et de prostituées. C'est la place où ils se sentent bien et où ils peuvent vivre sans drames.

---

[28] cf. Stéphane HIRSCHI, « Jacques Brel – Chant contre silence », Librairie Nizet, Paris, 1995, pp. 386-387

Pendant que le batave symbolise pour les marins l'océan et son étendue infinie, Jacques Brel fait allusion à son propre batave, qui est le pays flamand. Son pays d'origine avait toujours une importance énorme pour Jacques. C'est pourquoi il lie aussi ces deux images avec l'expression « pleine lumière »(l.48).[29]
L'isolement des marins est aussi témoigné par le fait que les matelots connaissent seulement des putains. Les marins ivres ne s'amusent qu'avec des prostituées, ce qui contraste avec l'opinion du narrateur. Tandis que les marins désirent dans leur état alcoolisé des putains, le narrateur voit ces femmes d'une façon négative. Il n'accepte pas le fait que les femmes se prostituent. Elles sont « infidèles »(l.64) pour lui. Le narrateur veut peut-être montrer que la prostitution n'est jamais une solution. Les femmes vendent leur corps et les hommes sont aussi seuls qu'avant. De plus, après avoir bu trop, les marins regardent le ciel et s'aperçoivent qu'ils aspirent à une autre vie, c'est-à-dire la vie sur l'océan. Ils peuvent y trouver leur bonheur et c'est le seul endroit où ils peuvent être contents sans alcool et sans la vie excessive. Après avoir mangé dans la deuxième strophe et après avoir absorbé beaucoup d'énergie dans la troisième strophe, les marins continuent à boire dans la quatrième strophe. Jacques utilise le mot « boire » et l'augmentation avec le préfixe « re- » plusieurs fois. Ces répétitions font l'impression à l'auditeur que les marins ne cessent jamais de boire. L'infini de la beuverie contraste avec les éléments cosmiques, « le ciel »(l.61) et « les étoiles »(l.62). Le port d'Amsterdam symbolise pour les matelots le contact entre la réalité et la vie spirituelle, dans laquelle ils rêvent d'être une partie de l'infini des éléments naturels.[30]

4.2.3 L'interprétation de la musique
La première strophe commence par une mélodie jouée d'un accordéon aux notes longues, lentement et de façon monotone. Cela veut peut-être décrire que les marins se sentent seuls et perdus dans le port. Dans la deuxième strophe un piano est ajouté. Quand Jacques chante de la morue, le tempo s'accélère et toute l'atmosphère devient de plus en plus

---
[29] cf. « Jacques Brel – Chant contre silence », op.cit p. 389
[30] cf. « Jacques Brel – Chant contre silence », op.cit p. 390

vivante à mesure que les marins boivent, dansent et s'amusent avec les putains. Jacques Brel veut souligner la vitalité des marins avec ce tempo rapide et il montre le désir des marins de fêter. Enfin, à la fin de la chanson, le tempo ralentit pour montrer qu'après la fête les marins sont aussi seuls et tristes qu'avant. Jacques veut y manifester la nostalgie des marins au contraire de la vie excessive. Peut-être que l'alcool perd son influence et les marins réalisent qu'ils ne se sont pas du tout approchés de leurs rêves.[31]

5. Conclusion

J'ai choisi ces deux chansons parce que je pense qu'elles montrent bien le développement de Jacques Brel comme chanteur. Pendant que ses premières chansons étaient très idéalistes, Jacques a créé des chansons révoltantes et expressives dans ses dernières années. En plus, tandis que le texte de la première chanson montre une bonne inspiration catholique, Brel tombe dans le vulgaire dans la deuxième chanson.

La tenue de Jacques Brel sur la scène a également changé : il a commencé par des gestes sobres et plus tard, il est allé même à l'exagération et à la caricature. « Finalement cette technique gestuelle fut si perfectionnée qu'il semblait qu'elle ne puisse plus évoluer ».[32]

Malgré sa vie courte, Jacques Brel a trouvé la satisfaction dans son œuvre. Il a toujours lutté pour ses rêves et son succès énorme et a transmis un héritage admirable. Brel n'a pas seulement chanté ses chansons, mais il les a vécues sur la scène. Toutes ses chansons continuent de vivre dans nos cœurs et empêchent que le « mythe » Brel tombe dans l'oubli.

---

[31] cf. « Jacques Brel – Chant contre silence », op.cit pp. 385
[32] Hans PULS/ Edmond JUNG, « Chanson française contemporaine », Verlag Moritz Diesterweg, Frankfurt am Main, 1979, p. 23

6. Bibliographie

BREMER, Otto/ LANDWERLIN, Aimé, « Précis de Civilisation française », Hirschgraben-Verlag, Frankfurt am Main, 1975

HIRSCHI, Stéphane, « Jacques Brel – Chant contre silence », Librairie Nizet, Paris, 1995

„Jacques Brel", Microsoft Encarta Enzyklopädie, 2001

LORCEY, Jacques, « Jacques Brel », Editions Pac/ Delmas, Paris, 1984

PULS, Hans/ JUNG, Edmond, « Chanson française contemporaine », Verlag Moritz Diesterweg, Frankfurt am Main, 1979

SCHMIDT, Felix, „Das Chanson – Herkunft, Entwicklung, Interpretation", Fischer Taschenbuch Verlag, Frankfurt am Main, 1982

TODD, Olivier, « Jacques Brel – une vie », Editions Robert Laffont, Paris, 1984

« Tout Brel », Editions Robert Laffont, Paris, 1998

„Unterrichtsmaterialien Französisch", Stark Verlagsgesellschaft GmbH, Freising, 1996

URL: http://www.geocities.com/Athens/Forum/9962/grandjacques.html [Stand 30.01.2003]

URL : http://www.jacquesbrel.be/index03.htm [Stand 30.01.2003]

WEICK, Thomas, „Die Rezeption des Werkes von Jacques Brel", Verlag Peter Lang, Frankfurt am Main, 1991

SUR GRIN VOS CONNAISSANCES SE FONT PAYER

- Nous publions vos devoirs
  et votre thèse de bachelor et master

- Votre propre eBook et livre –
  dans tous les magasins principaux du monde

- Gagnez sur chaque vente

Téléchargez maintentant sur www.GRIN.com
et publiez gratuitement